무엇을 숨겼을까?

길이 사람들에게 그토록 짓밟히고도
아무 말을 하지 않는 이유는 무엇일까?

무엇을 숨기고 있는 걸까?

아니면, 무엇을 잉태하기 위해서일까?

무엇을 숨겼을까?

우리가 머리 감을 때 떨어져 나간 머리카락은
어떤 유언을 남길까?

시골 할머니가 홀로 살다 죽으면
할머니의 발소리도 따라 죽나?

겸손이라는 단어는 사람들 마음속에서
도대체 무슨 일을 벌이는 것일까?

황인원의 질문의 시

넌 참 예뻐

시인의 말

시집 사용설명서

세상 모든 존재는 인간과 같다.

인간처럼 생각하고 보고 듣고
말하고 행동할 수 있다.

이를 전제하면
존재들이 보여주는 현상속
마음을 읽을 수 있다.

그 마음에서 우리는
엄청난 지혜를 얻게 된다.

정답은 없다.

빈 페이지를 활용해
무엇을 말하고자 하는 것인지,
그 답은 무엇인지,
옆 페이지에 써보자.

그 옆에 '질문의 시'와
비슷한 질문을 적어보자.
그리고 또 그 답을 작성해보자.

사물이나 자연의 마음을 읽으면
시적 표현이 가능해져
이 시대에 필요한 감성으로 연결될 수 있다.

고착화한 지식이나 사고思考에서 벗어나
세상을 살아가는 데 필요한
관점 전환 질문이 가능해진다.

뿐만 아니라 창조의 원천
상상력을 키우는 좋은 도구가 될 것이다.

'질문의 시'를 활용하는 방법이다.

2024년 6월

황인원

차례

시인의 말 시집 사용설명서 · 5

1	· 12	15	· 40
2	· 14	16	· 42
3	· 16	17	· 44
4	· 18	18	· 46
5	· 20	19	· 48
6	· 22	20	· 50
7	· 24	21	· 52
8	· 26	22	· 54
9	· 28	23	· 56
10	· 30	24	· 58
11	· 32	25	· 60
12	· 34	26	· 62
13	· 36	27	· 64
14	· 38	28	· 66

29	•	68	43	•	96
30	•	70	44	•	98
31	•	72	45	•	100
32	•	74	46	•	102
33	•	76	47	•	104
34	•	78	48	•	106
35	•	80	49	•	108
36	•	82	50	•	110
37	•	84	51	•	112
38	•	86	52	•	114
39	•	88	53	•	116
40	•	90	54	•	118
41	•	92	55	•	120
42	•	94	56	•	122

57	· 124	71	· 152
58	· 126	72	· 154
59	· 128	73	· 156
60	· 130	74	· 158
61	· 132	75	· 160
62	· 134	76	· 162
63	· 136	77	· 164
64	· 138	78	· 166
65	· 140	79	· 168
66	· 142	80	· 170
67	· 144	81	· 172
68	· 146		
69	· 148		
70	· 150		

1

내가 사랑했던 사람들의
이름은 지금 어디에서 살고 있을까?

작년 내가 손가락 다쳤을 때 밖으로 나온
그 피는 지금 무엇을 하고 있을까?

내가 태어난 해 11월과 내가 죽을 해 11월은
서로 코칭을 하고 있을까?

1

2

나무가 뿌리를 세상에 내놓는 건
무얼 보여주기 위해서일까?

나도 저 구름처럼
가볍고 큰 몸을 가질 수 있을까?

저 검은 구름은 천둥·번개를
언제, 어떻게 품었을까?

2

3

가을은 그 많은 단풍잎으로
무엇을 사려는 것일까?

저 비는 도대체 무슨 말을 하려고
창문을 저리 두드리는 것일까?

낙엽은 왜 나무를 탈출했을까?

3

4

내가 쓴 책은 나에게 뭐라고 말할까?

책은 왜 종이였을 때
자기 몸에 하는 문신을 받아들이기로 했을까?

문신을 한 대가는 무엇일까?

책은 그런 자기 몸이 멋있다고 생각할까?

4

5

내가 잃어버린 기억들은
지금 어디에서 살고 있을까?

오늘 나를 떠난 기억도
그들이 있는 곳으로 갔을까?

기억과 기억이 만나면
서로 어떤 말을 할까?

어렵게 살아 돌아온 기억은
나에게 뭐라고 말하고 싶을까?

5

6

기억은 소멸에 대해 어떻게 설명을 할까?

기억이 추억으로 바뀔 때
기억의 몸은 무슨 색으로 변할까?

시간이 약이라는 말을
기억은 어떻게 해석할까?

6.

7

바람도 기억으로 살아가는 것일까?

바람의 속살은 어떤 빛을 띠고 있을까?

바람은 암세포를 어떻게 분해할까?

7

8

사람이 다른 사람의 기억 속으로
들어가기 쉽지 않은 이유는 무엇인가?

연습 부족인가? 어떻게 해야 하지?

다른 사람의 기억 속으로 들어가면 어떤 일이
벌어질까?

8

9

가을의 눈[目]은 알록달록함 속에 무엇을
숨겨놓았을까?

겨울은 흰 눈 속에서 무슨 기도를 할까?

배추는 왜 김치가 되기로 작정했을까?

9

10

혼불을 본 사람은 죽었을까? 살았을까?

집은 언제까지 명상을 할까?

여자의 몸에 집이 있다는 것을 나는 언제 알았지?

10

11

내가 처음 썼던 글자는 자기 얼굴에 만족했을까?

내가 내 얼굴을 처음 보았을 때
내 얼굴은 나에게 뭐라고 했지?

사랑과 그리움은 몇 촌일까?

11

12

가로등은 왜 자기를 위해 살지 않을까?

달빛이 이렇게 먼 지구까지 달려와
굳이 가로등 불빛을 만나려는 까닭은?

만나서 제일 먼저 하는 행동은 뭘까?

12

13

흙속의 초록이 사람을 싫어하는 이유는 뭘까?

새벽녘 풀잎에 맺힌 이슬이
하얗게 질려 있는 건 왜일까?

밤에만 살아 있는 사람의 피부는 어떨까?

13

14

건물이 옷을 갈아입지 않는 이유는 어디에 있을까?

고독과 외로움은 어떤 얼굴을 감추고 있을까?

물의 입자가 분노하면 정말 물은 슬퍼질까?

14

15

세상 모든 열매가 둥근 것은 누구의 말 때문일까?

그 내면에는 어떤 욕구가 숨어 있을까?

열매는 하늘을 날 생각을 왜 하지 않는 것일까?

15

16

길이 사람들에게 그토록 짓밟히고도
아무 말을 하지 않는 이유는 무엇일까?

무엇을 숨기고 있는 걸까?

아니면, 무엇을 잉태하기 위해서일까?

16

17

나무에 있을 때 포옹할 수 없었던 잎들은
낙엽이 되어 만나면 무슨 얘기를 할까?

꼭꼭 숨어 있던 풍경을 시인이 들춰냈을 때
풍경의 몸은 어떻게 변할까?

낮이 환하고 싶지 않을 때는
어떻게 참아낼까?

17

18

처음 본 예쁜 여자에게서
섬이 보인다면 사람들은 믿을까?

조약돌이 저리 오랜 시간
물속에서 몸을 닦는 이유는?

사람들은 왜 마음 닦는
숙제를 게을리하는 걸까?

18

19

어제와 내일은 오늘을 잘 알고 있으면서도
왜 서로 자리를 바꾸려 하지 않는 걸까?

내일은 자기가 사람들 가슴에 달콤함으로
남아 있다는 것을 알까? 그 이유는 알고 있을까?

어제는 왜 오늘에게 자신의 상황을
얘기하지 않는 걸까?

19

20

책상은 자신이 세상으로 들어가는 길임을
사람들에게 어떻게 알려주는 걸까?

화분에 심어진 나무 의자는 본성을 찾았을까?

사람에게 눈물의 총량이 있다는 게 사실일까?
그러면 나는 얼마를 더 울어야 할까?

20

21

두려움이 인간 성장의 근본 원인이라는 걸
알고 있을까?

두려움은 어디에 숨어 있다 나타나는 것일까?

사람들은 왜 두려움을 두려워할까?

21

22

먼지는 구석에서 어떤 생각을 하고 있을까?

그들이 가진 공동의 목표는 무엇일까?

사는 곳이 달랐던 먼지들이 한데 모였을 때
서로 어떤 인사를 나눌까?

내 몸이었던 먼지는 그들과 잘 지내고 있을까?

22

23

빈 그릇일 때와 음식물이 담겼을 때
그릇의 표정은 어떻게 달라질까?

간이 맞지 않는 음식을 거부하는 그릇은 왜 없을까?

그릇은 눈물을 언제 잃어버렸지?

23

24

위기는 사람들에게 어떤 질문을 기대할까?

위기가 위기를 이겨냈을 때의 힘으로
팬티를 만들 수는 없을까?

그때 위기는 어떤 코칭을 받았을까?

위기로 만든 음식은 어떤 레시피로 만든 거지?

24

25

안경을 잘 때 끼면
꿈을 볼 수 있다는 게 정말일까?

꿈은 과거에서 오는 건가?
미래에서 오는 건가?

부서지고 흩어졌던 꿈이
돌아올 때 어떤 근육을 쓸까?

25

26

나무는 땅의 말 중 어떤 말을
하늘에게 전하고 싶은 걸까?

나뭇잎이 태어나 눈을 떴을 때
허공에 있다는 사실을 알고 무슨 생각을 했을까?

그 때 그 나뭇잎의 맥박은 어떤 마음이었을까?

26

27

작은 박새 한 마리가
어둠을 찢고 아침을 연다는 게 사실일까?

상처가 하얗게 곰팡이 피우면 정말 살이 돋아날까?

궁금한 게 없으면 그리움도 날아간다는 말의 속내는?

27

28

북한산 딱따구리가 명상을 하면 어떤
변화가 일어날까?

북한산 문수봉 까마귀가 잃어버린 풍경은 무엇일까?

북한산 계곡물이 새들의 목소리를
실어 나르는 이유는 뭘까?

28

29

갈참나무에서 탈출한 도토리는 무슨
용기勇氣를 사용했을까?

땅에 떨어진 도토리가 땅에게 한
첫 말은 무엇이었을까?

먼저 도망친 낙엽들이 도토리 옆에 머무는
이유는 어디에 있을까?

29

30

구름은 왜 하늘을 가리는 직업을 가졌을까?

먹었던 것을 뱉어내는 까닭은 또 뭘까?

구름을 사랑한다던 그녀는 구름처럼 살고 있을까?

30

31

새 운동화와 사람의 발이 처음 만나면
서로를 공격하는 이유가 뭘까?

사실, 그게 상대에게 맞추기 위해
제 몸을 깎는 일이라는 걸 언제 알게 되지?

이때 누가 먼저 말을 할까?
서로 어떤 대화를 나눌까?

31

32

이름을 알게 되면 새로운 관계가
이뤄진다는 건 사람의 세상에서 뿐인가?

개는 자신의 이름을 지어준 사람을 물지 않는다는데
사람은 왜 그렇지 않지?

깊은 관계는 익숙해짐을 넘어
길들여져야 한다는 말은 어떻게 나온 걸까?

32

33

시골 할머니가 홀로 살다 죽으면
할머니의 발소리도 따라 죽나?

그렇다면 할머니를 늘 보던 앞마당은?
풀은? 집은? 어떤 행동을 하지?

우리 눈에 왜 꼼짝도 하지 않는 것처럼 보이지?
무엇을 숨기고 있는 거지?

33

34

주변 사물들 마음에 새겨진
체념과 원한을 사람들은 알까?

그들의 그리움을 기억하고는 있을까?

그들에게 지난 삶과 시간을 추모할
여백을 주지 않는 이유는 무엇 때문일까?

34

35

아이들에게 세상을 관찰하는 방법을
알려주지 않는 까닭은 뭘까?

벌을 줄 때 창밖 세상을 소상히 관찰해서
하나씩 얘기하게 하는 것은 어떨까?

이런 벌을 받은 아이는 어떻게 성장할까?

35

36

조개껍질이 조개가 사라진 후에도
버젓이 남아 있는 이유는 뭘까?

돌멩이에게도 단단함을 움직일
부드러운 속살 같은 마음이 있지 않을까?

조개껍질과 돌멩이는 궁극적으로
무엇이 되고 싶은 걸까?

36

37

사람이 모두 '무슨 일이 일어나기 직전'으로
빠진다면 어떻게 될까?

실은 내가 '직전'에 빠진 게 아닐까?

'직전'을 빠져 나오는 방법은 뭘까?

37

38

사람들은 악수를 하면서 무엇을 느낄까?

언제부터 악수가 극히 형식적 인사가 되었을까?

속마음도 내어주겠다는 악수의 의미는 어디로 갔을까?

38

39

우리 몸이 많은 메시지를 담은 책이라는 사실을 알아?

그래서 말인데, 내가 저장한 몸의 메시지는
그가 읽었을까?

읽었다면 그의 몸은 어떻게 반응했을까?

39

40

사진 속에서 시간이 멈추는 건 왜일까?

세상에서 가장 공평한 시간이
사진 속 인물에게 다가가지 못하는 까닭은?

시간은 무엇을 알려주려고
저리 내 앞에 턱 괴고 있는 걸까?

40

41

세상에 지평선처럼 허망한 거짓이 있을까?

가보면 없어지는 게 또 뭐가 있을까?

지평선을 만든 마음에는 무엇이 있었을까?

41

42

목표 아닌 과정에 집중하는 나이가 되면
사람의 얼굴은 어떻게 변할까?

매일 새로운 경험과 깨달음을 얻으려면
무엇을 버려야 하지?

내가 버린 책들은 자기가 감옥이었다는 걸 알까?

42

43

초등학교 1학년 때 학교에서 쓰던 책상,
지금 어디 있을까?

책상은 그 때 왜 나에게 다가왔을까?

지금의 나를 보고 뭐라고 말할까?

43

44

책상 위에 있는 연필은 무슨 생각을 할까?

옆에 있는 다른 연필과 무슨 얘기를 할까?

어떤 생각을 메모하면 연필도 그것을 기억할까?

44

45

바위가 지금의 모습이 될 때까지의
고통을 아는 사람은 몇이나 될까?

냇가의 조약돌은 올해 몇 살이 됐을까?

북한산의 수많은 바위와 돌은
도대체 무슨 말을 숨기고 있을까?

45

46

나에게서 버림받은 한숨이
허공에서 먼지와 만나면 어떤 의미를 만들까?

여자를 바라보던 내 눈빛은 내게서 벗어나
여자에게 달려가다 무슨 생각을 할까?

공기들은 내 눈빛에게 순순히 길을 내줬을까?

46

47

땅이 저 무거운 산을 업고도 불평하지 않는 까닭은?

바닷물은 무슨 생각으로 육지로 스며들지 않는 걸까?

땅과 바닷물에게는 도대체 어떤 상처가 숨어있을까?

47

48

내가 운전하는 자동차는
속도위반으로 CCTV에 찍히면 어떤 마음이 들까?

나에게 어떤 욕을 할까?

달리던 바퀴는 그 자리에서 멈추고 싶을까?

48

49

질문은 자기가 질문이라는 걸 알까?

질문은 어떤 색깔의 피를 가지고 있을까?

질문의 몸무게를 아는 사람은 있을까?

49

50

겨울나라에 사는 나무들은
그 나라의 정책을 기억할까?

겨울나라 위정자들도 봄을 배척할까?

꽃샘추위가 겨울나라의
마지막 저항이라는 걸 봄은 알까?

50

51

무의미가 쌓이고 쌓여 의미가 되는 건
먼지에게 무엇을 알려주기 위함일까?

먼지가 구석을 좋아하는 이유는?

먼지는 자신의 냄새가 있다는 걸 알고 있을까?

51

52

세상 모든 이름이 뜻대로 살까?

이름을 재정의하지 않고 원래 이름에 매몰되는 건
어떤 공기의 저항 때문일까?

자신만의 정의는 어떤 문제를 해결할까?

52

53

단어의 소망은 문장,
단어의 팔·다리가 없으면 문장은 살 수 없나?

문장이 되지 못한 단어가
당신이라면 그 마음은?

단어는 살기 위해 스스로를 어떻게 표현할까?

53

54

단어들도 사람처럼 모두 똑같은 피를 가지고 있을까?

단어는 잠을 잘 때 무슨 꿈을 꿀까? 그 꿈은 실현될까?

단어가 죽으면 화장하는 게 맞나?

54

55

기회가 올 때 늘 안개가 동반된다는 걸 알아?

계획이 살아 있으려면 어떤 영혼을 불러야 하지?

발견을 성장시키려면 어떤 단추를 눌러야 해?

55

56

당신에게 즐거움이 태어난 곳은 어디지?

그 즐거움이 거기에 있었던 이유는 뭘까?

당신이 그 즐거움이 된다면 어떻게 될까?

56

57

목표만을 위해 산 사람에게 목표는 뭐라고 말할까?

목표도 숨을 쉰다는 걸 그 사람은 알까?

목표의 말이 그 사람에게 닿았을 때 말은
어떻게 변할까?

이럴 때마다 풀잎은 왜 흔들리는 것일까?

57

58

신문은 자기가 죽어간다는 걸 어떻게 받아들일까?

신문은 유산으로 무엇을 남기고 싶을까?

신문 속 글자들은 어떤 방법으로 살 궁리를 할까?

58

59

동전도 태어난 순서로 어른이 되나?

어른 동전은 어떤 행동을 하지?

늦게 태어났는데 누렇게 된 동전은
사람들에게 무슨 말을 하고 싶을까?

동전도 돈을 벌어야 한다면 어떤 방법을 쓸까?

59

60

들꽃이 조화를 만나면 어떤 마음일까?

조화를 품은 흙은 자기가 속고 있는 걸 느낄까?

왜 들꽃은 사람들에게 항의를 하지 않을까?

60

61

카톡으로 하는 인사는
어떤 도형의 얼굴을 하고 있을까?

전화로 하는 말이 전화기에서 나오면
그 경험을 다른 말과 공유할까?

말이 글이 되면 피부가 고와지는 이유는
어디에 있을까?

61

62

아침·저녁·점심이 태어난 곳은 어디일까?

부모님은 아침이 태어났을 때 대문에
금줄을 달았을까?

점심의 미래는 행복할까?

62

63

저녁은 왜 꿈을 늘 대기시킬까?

점심*이 마음을 찍은 이유는 어디에 있을까?

흐르는 강물은 아침·저녁·점심에게 뭐라고 말해줄까?

---

*점심이라는 단어는 불교 선원에서, 배고플 때에 조금 먹는 음식을 이르는 말. 마음을 점검한다는 뜻이다. 한자를 직역하면 '마음을 찍다'이다

63

64

오랫동안 숨겨왔던 외로움을 꺼내놓으면
외로움은 나에게 뭐라고 말할까?

외로움 너머의 단어는 무엇일까?

외로움과 맞바꾸기 가장 좋은 단어는?

64

65

나무껍질이 사람 지문처럼 모두 다른 건
무슨 의미일까?

포옹을 지금의 의미와 다르게 정의하면?

지금 내 삶의 모습을 긍정적으로 정의한다면?

그 정의대로 되려면 가장 먼저 해야 할 행동은
무엇일까?

65

66

의자는 남을 위해 살아야 하는 제 삶을
어떻게 생각할까?

의자가 태어나기를 거부하고 싶었다면
어떻게 행동했을까?

의자는 죽을 때 어떤 유언을 남길까?

66

67

경복궁과 창덕궁은 서로 무슨 말을 주고 받을까?

서로에게 가장 듣기 싫은 말은 뭘까?

그들은 지금의 내 모습을 보고 뭐라고 조언할까?

67

68

내 옷들이 나에게 입혀지기 싫어하는 이유?

옷을 샤워시킬 때 옷들이
아무런 표정을 짓지 않는 이유는 또 뭘까?

그 옷이 허수아비가 됐을 때 심정은?

68

69

사랑한다는 말을 누군가에 하면
사랑이라는 그 말은 내 마음과 상관없이 행복할까?

말이 다른 사람 마음속에 살아남는 건 왜일까?

사람의 말이 달리는 말보다 빠르다는 건
어느 법규에 나와 있지?

69

70

내가 이 세상에 태어난 목표가 있었던가?
무엇이었지?

만약 막 태어났을 때로 돌아간다면
그 때의 나는 지금의 나를 어떻게 생각할까?

그렇다면 지금 내가
풀벌레를 위한 명상을 하는 게 맞나?

70

71

천문을 아는 것과 나를 아는 것, 어느 게 더 중요할까?

나를 안다는 게 중요한 이유는 무엇일까?

나를 알기 위해 투자한 시간은 얼마나 되지?

71

72

지금 여기 이 시대에 속도와 방향 중
더 중요한 게 무엇일까?

자신을 위해 자신에 대한 사용설명서를
작성해본 적 있나?

사용설명서를 작성한다면 가장 중요하게
강조할 게 뭘까?

72

73

우리가 매일 두드리는 컴퓨터 자판은
우리에게 무슨 말을 하고 싶을까?

책상과 컴퓨터 자판은
서로 어떤 비밀의 말을 주고받을까?

인간은 만물의 영장이라면서
왜 이들의 말을 알아듣지 못하는 거지?

73

74

겸손이라는 단어는 사람들 마음속에서
도대체 무슨 일을 벌이는 것일까?

겸손이라는 단어가 세상에 태어났을 때
어떤 다짐을 했을까?

겸손이 혹독한 겨울을 만나면 어떤 모습이 될까?

74

75

살면서 죽음을 생각해야 한다면 첫 번째 이유는?

지식에서 지혜로 넘어가는 과정에는 무엇이 필요할까?

일상이나 회사에서 써먹지 못하는 배움은
배움일까 아닐까?

75

76

사람에게 신이 있듯 나무에게도 신이 있을 터,
나무의 신은 나무일까?

그러면 바위의 신은 바위?

자연은 어떻게 그들의 신을 섬길까?

76

77

저 수많은 흙이 땅으로 뭉쳐 살면서도
다투지 않는 이유는 무엇일까?

땅에게는 어떤 믿음이 가장 강할까?

그 답을 사람에게 가져오면 어떤 결과가 나타날까?

77

78

인간의 집중을 막는 가장 큰 존재는 무엇일까?

나이가 들수록 집중이 떨어지는 이유는 무엇일까?

집중이라는 단어가 사람에게
중요한 이유를 비유해서 말한다면?

78

79

우리가 머리 감을 때 떨어져 나간 머리카락은
어떤 유언을 남길까?

그 머리카락의 유언을 알아듣는 방법은 무엇일까?

머리카락 중에 연명치료를 거부하는 것도 있을까?

79

80

꽃에서 피어오르는 빛깔과 향기는
스스로 선택한 것일까?

인간이 꽃이라면 우리는
각각 어떤 향기를 가진 꽃이고 싶을까?

지금 그 향기를 갖고 있지 않은 이유는
무엇 때문일까?

80

81

들꽃은 작년 여름 자신의 모습과
지금의 모습이 다른 걸 알고 있을까?

5년이 지난 후 그 들꽃의 마음은 무슨 색깔일까?

또 다시 5년이 지나면 들꽃은 무엇을 깨닫고 있을까?

81

무엇을 숨겼을까?

초판 1쇄 인쇄 2024년 6월 27일

지은이　　황인원
펴낸곳　　넌참예뻐
펴낸이　　황인원

출판등록번호　310-96-20852
주소　　04165 서울 마포구 마포대로 15 현대빌딩 909호
전화　　02-719-2946
팩스　　02-719-2947
E-mail　　moonk0306@naver.com
홈페이지　www.moonkyung.co.kr

* 책 값은 뒤표지에 있습니다.
* 이 책의 판권은 넌참예뻐에 있습니다.
* 이 책은 저작권법에 따라 보호받는 저작물이므로 무단 복제와 전제를 금지하며, 이 책 내용의 전부 또는 일부를 재사용하려면 반드시 양측의 서면 동의를 받아야 합니다.

ISBN 979-11-978876-6-6

넌참예뻐 는 내면의 아름다움을 끌어올리는 마중물이 되겠습니다.